Парамаханса Јогананда
(1893–1952)

ПАРАМАХАНСА ЈОГАНАНДА

ЗАКОН УСПЕХА

———

Како да користите моћ
Духа да бисте постигли
здравље, успех
и срећу

Self-Realization Fellowship
FOUNDED 1920 BY PARAMAHANSA YOGANANDA

Најмудрији је онај који тражи Бога.
Најуспешнији је онај који је нашао Бога.

— *Парамаханса Јогананда*

ПЛЕМЕНИТ
НОВИ

———

Певај песме које нико певао није,

Мисли мисли које никад у уму одзвањале
    нису,

Корачај стазама којима нико ходао није,
    лиј сузе које нико за Богом лио није,

Дај мир свима којима нико други дао није,

Сматрај својим оног којег се одрекао
    свако.

Воли све љубављу којом нико осетио није
    и јуначки се

суочи с битком живота снагом неокованом.

МОЈЕ
БОЖАНСКО ПРАВО
ПО РОЂЕЊУ

———

Господ ме је створио по својој слици. Тражићу Њега прво и уверити се да имам стваран контакт с Њим, а затим, ако је то Његова воља, нека се све ствари — мудрост, изобиље, здравље — придодају као део мог божанског права по рођењу.

Желим неизмеран успех, не од земаљских извора, већ из Божјих свепоседујућих, свемогућих, свеобилних руку.

ЗАКОН УСПЕХА

———

Постоји ли моћ која може да открије скривене руднике богатства и да открије блага о којима никад ни сањали нисмо? Постоји ли сила којој се можемо обратити да нам да здравље, срећу и духовно просветљење? Индијски свеци и мудраци подучавају да постоји таква моћ. Они су показали ефикасност принципа истине који ће функционисати и за вас, ако им дате праведну прилику.

Ваш успех у животу не зависи само од способности и обуке; такође зависи и од ваше одлучности да зграбите прилике које вам се пружају.

Прилике у животу долазе стварањем, а не случајно. Ви сте сами, било сада или у прошлости (укључујући прошле животе), створили све прилике које се појављују на вашем путу. Будући да сте их зарадили, искористите их на најбољи могући начин.

Ако користите сва доступна спољашња средства, као и своје природне способности, да савладате сваку препреку на свом путу, развићете моћи које вам је Бог дао — неограничене моћи које извиру из најдубљих сила вашег бића. Поседујете моћ мисли и моћ воље. Искористите у потпуности ове божанске дарове!

Моћ мисли

———

Показујете успех или неуспех у складу са вашим уобичајеним трендом мисли. Шта је јаче у вама — мисли о успеху или мисли о неуспеху? Ако је ваш ум уобичајено у негативном стању, повремена позитивна мисао није довољна да привуче успех. Али ако правилно размишљате, стићи ћете до циља чак иако се чини да сте обавијени тамом.

Ви сте сами одговорни за себе. Нико други неће одговарати за ваша дела када дође време за крајњи обрачун. Ваше дело у свету — у сфери где вас је ваша карма, ваша прошла активност, поставила — може да обавља само једна особа — ви. А ваше дело се може сматрати „успехом" једино ако на неки начин служи људима око вас.

Немојте да ментално обрађујете било који проблем константно. Повремено га оставите да се одмори и можда се сам реши; али пазите да се *ви* не одмарате толико дуго да се ваша моћ дискриминације изгуби. Радије, користите ове периоде одмора да идете дубоко у мирну област вашег унутрашњег Ја. Усклађени са својом душом, моћи ћете да правилно размишљате о свему што радите; и ако ваше мисли или поступци залутају, могу се поново ускладити. Ова моћ божанског усклађивања може да се постигне уз праксу и труд.

ВОЉА ЈЕ ДИНАМО

Уз позитивно размишљање требало би да користите снагу воље и континуирану активност да бисте били успешни. Свака спољашња манифестација је резултат воље, али се та моћ не користи увек свесно. Постоји механичка воља, као и свесна воља. Динамо свих ваших моћи је воља, или снага воље. Без воље не бисте могли да ходате, причате, радите, мислите и осећате. Стога је снага воље извор свих ваших деловања. (Кад не бисте користили ову енергију, морали бисте да будете у потпуности неактивни и физички и ментално. Чак и када померате руку, користите снагу воље. Немогуће је живети без употребе ове силе.)

Механичка воља је непромишљена употреба снаге воље. Свесна воља је витална сила која прати одлучност и труд, динамо који би требало мудро усмеравати. Док се трудите да користите свесну, а не механичку вољу, такође треба да будете сигурни да се ваша снага воље користи конструктивно, а не за штетне сврхе нити за бескорисна постигнућа.

Да бисте створили динамичну снагу воље, чврсто одлучите да урадите неке ствари у животу за које сте мислили да не можете да урадите. Прво покушајте са једноставним задацима. Како ваше самопоуздање јача, и ваша воља постаје динамичнија, можете тежити ка тежим постигнућима. Будите сигурни да сте направили добар избор, а затим одбијте да се подвргнете неуспеху. Посветите сву своју снагу воље да савладате

једну по једну ствар; не расипајте своју
енергију, нити остављајте нешто напола да
бисте започели неки нови подухват.

МОЖЕТЕ ДА КОНТРОЛИШЕТЕ СУДБИНУ

Ум је стваралац свега. Стога би требало
да га усмеравате да ствара само добро.
Ако се динамичном снагом воље ухватите
за одређену мисао, она коначно поприма
опипљив спољашњи облик. Када сте у
могућности да своју вољу увек користите у
конструктивне сврхе, постајете контролор
своје судбине.

Управо сам поменуо три важна начина
да своју вољу учините динамичном: (1)
изаберите једноставан задатак или циљ који
никад нисте постигли и чврсто одлучите да
успете у њему; (2) будите сигурни да сте

изабрали нешто конструктивно и изводљиво, а затим одбијте да прихватите неуспех; (3) фокусирајте се на један циљ и употребите све ваше способности и сваку прилику да га остварите.

Али увек треба да будете сигурни, у мирној области вашег унутрашњег Ја, да је оно што желите исправно да имате, и у складу с Божјим намерама. Тада можете да употребити сву снагу своје воље да остварите свој циљ; међутим, ум треба да буде центриран на мисао о Богу — Извору свих моћи и свих постигнућа.

СТРАХ ИСЦРПЉУЈЕ ЖИВОТНУ ЕНЕРГИЈУ

Људски мозак је складиште животне енергије. Та енергија се константно користи у покретима мишића; у раду срца, плућа и дијафрагме; у ћелијском метаболизму и хемијским процесима у крви; у одржавању рада телефонског сензорно-моторног система (нерава). Осим тога, потребна је огромна количина животне енергије у свим процесима мисли, емоција и воље.

Страх исцрпљује животну енергију; то је један од највећих непријатеља динамичке снаге воље. Страх узрокује да се животна сила, која обично стално тече кроз нерве, истисне напоље, нерви као да постану парализовани, виталност целог тела је смањена. Страх вам не помаже да узмакнете објекту страха; он само ослабљује вашу снагу воље. Страх узрокује да мозак шаље инхибирајуће поруке свим телесним органима. Стиска срце, утиче на функције варења и узрокује пуно других физичких сметњи. Кад је свест усмерена на Бога, нећете се бојати; свака препрека ће тада бити савладана храброшћу и вером.

„Желети" је жеља без енергије. После жеље може доћи „намера" — план да се нешто уради, да се испуни хтење или жеља. Али „воља" значи: „Делујем док се не оствари моја жеља." Када користите снагу воље, ослобађате снагу животне енергије — а не кад само пасивно желите да можете да остварите циљ.

НЕУСПЕСИ БИ ТРЕБАЛО ДА ПОБУДЕ ОДЛУЧНОСТ

Чак и неуспеси би требали да делују као стимуланси ваше снаге воље, вашег материјалног и духовног раста. Кад не успете у неком подухвату, корисно је анализирати сваки фактор у ситуацији како бисте елиминисали све шансе у будућности да поновите исте грешке.

Сезона неуспеха је најбоље време да се

сеје семе успеха. Стицај околности вам може задати модрице, али устрајте усправне главе. Увек покушајте још једном, без обзира колико пута нисте успели. Борите се кад мислите да се више не можете борити, или кад мислите да сте дали све од себе, или док се ваши напори не окруне успехом. Следећа кратка прича илустроваће ову поенту.

Особа А и Б су се бориле. Након дужег времена, особа А помисли: „Не могу више.“ А особа Б помисли: „Још само један ударац,“ те га зада, а особа А паде. Такви морате да будете; да дате последњи ударац. Користите непобедиву снагу воље да превазиђете све потешкоће у животу.

Нови напори након неуспеха доносе истински раст. Али морају добро да се испланирају и напуне све већим интензитетом пажње и динамичном снагом воље.

Претпоставимо да јесте искусили неуспех до сад. Било би сулудо одустати од борбе и прихватити неуспех као облик „судбине“. Боље је умрети борећи се, него престати с улагањем труда док још увек постоји могућност да се постигне нешто веће; јер и кад смрт наступи, ваше битке ће се ускоро наставити у идућем животу. Успех или неуспех само су резултат онога што сте урадили у прошлости, плус онога што радите сада. Дакле, требало би да подстичете мисли о успеху из прошлих живота док се не обнове и буду у стању да превладају утицај свих тенденција неуспеха у садашњем животу.

Успешна особа се можда суочавала с озбиљнијим тешкоћама у односу на особу која није била успешна, али успешна особа тренира сама себе да одбаци помисао о неуспеху у сваком тренутку. Пажњу треба да пребаците са неуспеха на успех, са бриге на смиреност, са менталних лутања на концентрацију, са узнемирености на мир, и из мира на унутрашње божанско блаженство. Кад постигнете ово стање Само-спознаје, сврха вашег живота биће величанствено испуњена.

Потреба за самоанализом

———

Још једна тајна напретка је самоанализа. Интроспекција је огледало у коме можете видети углове вашег ума који би иначе остали скривени од вас. Дијагностикујте ваше неуспехе и разврстајте своје добре и лоше тенденције. Анализирајте шта сте, шта желите да постанете, и који недостаци вас ометају. Утврдите која је природа вашег правог задатка — ваше мисије у животу. Потрудите се да будете оно што би требало да будете и оно што желите да будете. Док вам је ум усмерен на Бога и усклађивању себе према Његовој вољи, напредоваћете више и сигурније на вашем путу.

Ваша крајња сврха је да пронађете свој пут назад до Бога, али такође имате и задатак да извршите у спољашњем свету. Снага воље, у комбинацији са иницијативом, помоћи ће вам да препознате и испуните тај задатак.

КРЕАТИВНА МОЋ ИНИЦИЈАТИВЕ

———

Шта је иницијатива? То је креативна способност у вама, искра Бесконачног Ствараоца. Може вам дати моћ да стварате нешто што нико други никада није створио. Подстиче вас да радите ствари на нове начине. Постигнућа особе која предузима иницијативу могу бити спектакуларна попут звезде падалице.

Очигледно стварајући нешто из ничега, она показује да наизглед немогуће може постати могуће употребом велике инвентивне моћи Духа.

Иницијатива вам омогућава да станете на своје ноге, слободни и независни. То је један од атрибута успеха.

ВИДИТЕ СЛИКУ БОЖЈУ У СВИМ ЉУДИМА

Пуно људи оправдава своје грешке, али оштро осуђују друге људе. Требало би да преокренемо овај став тако што ћемо оправдавати туђе недостатке, а грубо испитати своје.

Понекад је неопходно анализирати друге људе; у том случају важно је запамтити да наш ум треба остати непристрасан. Непристрасан ум је попут чистог огледала које, када се мирно држи, не срља с нагло донесеним одлукама. Лик било које особе која се огледа у том огледалу биће непомућена слика.

Научите да видите Бога у свим људима, без обзира на расу или вероисповест. Знаћете шта је божанска љубав кад почнете да осећате своје јединство са сваким живим бићем, а не пре. У међусобном служењу заборављамо на мало ја и угледамо једно неизмерно Ја – Дух који уједињује све људе.

МИСАОНЕ НАВИКЕ КОНТРОЛИШУ НАШ ЖИВОТ

Успех се убрзава или одлаже навикама.

Нису пролазне инспирације или сјајне идеје те које контролишу ваш живот, већ свакодневне менталне навике. Навике мисли су ментални магнети које вам привлаче одређене ствари, људе и услове. Добре навике мисли омогућавају вам да привучете корисне ствари и прилике. Лоше навике мисли привлаче вам материјално оријентисане особе и неповољна окружења.

Ослабите лошу навику избегавањем свега што ју је узроковало или изазвало, *без да се концентришете на њу у вашој ревности да је избегнете*. Затим преусмерите ум на неку добру навику и упорно је гајите док не постане саставни део вас.

Увек постоје две силе које ратују једна против друге у нама. Једна сила нам говори да радимо ствари које не бисмо требали да радимо; а друга нас подстиче да радимо ствари које бисмо требали да радимо, ствари које се чине тешким. Један глас је глас зла, а други је глас добра, или Бога.

Кроз тешке свакодневне лекције једном

ћете јасно видети да лоше навике негују дрво бескрајних материјалних жеља, док добре навике негују дрво духовних аспирација. Све више и више бисте требали да фокусирате своје напоре на успешно сазревање духовног стабла, да бисте једног дана могли да оберете зрело воће Само-спознаје.

Ако сте у стању да се ослободите свих врста лоших навика, и ако можете да чините добро зато што желите да чините добро, а не само зато што зло доноси тугу, тада истински напредујете у Духу.

Тек сте кад одбаците своје лоше навике заиста сте слободан човек. Све док не постанете истински господар себе, способни да наредите себи да урадите ствари које треба да урадите, али можда не желите да урадите, нисте слободна душа. *У тој моћи самоконтроле лежи семе вечне слободе.*

До сад сам поменуо неколико важних

атрибута успеха — позитивне мисли, динамичну вољу, самоанализу, иницијативу и самоконтролу. Многе популарне књиге наглашавају један или више ових фактора, али не одају признање Божанској моћи која стоји иза њих. *Усклађеност са Божанском Вољом је најважнији фактор у привлачењу успеха.*

Божанска Воља је моћ која покреће космос и све у њему. Божја Воља је та која је посула звезде по свемиру. Његова воља је та која одржава планете у њиховим орбитама и која усмерава циклусе рођења, раста и распадања у свим облицима живота.

МОЋ БОЖАНСКЕ ВОЉЕ

Божанска воља нема граница; ради кроз законе познате и непознате, природне и наизглед чудесне. Може да промени ток судбине, пробуди мртве, баци планине у море и створи нове сунчеве системе.

Човек, по слици Божјој, поседује у себи ту снагу воље која може све да оствари. Открити кроз праву медитацију[1] како бити у хармонији са Божанском Вољом је човекова највећа обавеза.

Када је предвођена грешком, људска воља нас погрешно води; али када је предвођена мудрошћу, људска воља је усклађена са Божанском вољом. Божји план за нас често постане замагљен конфликтима људског живота па изгубимо унутрашње вођство које би нас спасило од провалије јада.

Исус је рекао: „Нека буде воља твоја.” Кад човек своју вољу усклади са Божјом вољом, која је вођена мудрошћу, он користи

---

1 Медитација је специјални облик концентрације у којем је пажња, путем научних јогијских техника, ослобођена немира који иде уз стање свести о телу и једносмерно је фокусирана на Бога. Лекције *Self-Realization Fellowship Lessons* дају детаљна упутства за ову науку медитације. *(напомена издавача)*

Божанску вољу. Коришћењем правих техника медитације, које су развили древни индијски мудраци, сви људи могу да постигну савршену хармонију са вољом Небеског Оца.

Из Океана изобиља

———

Баш као што сва моћ лежи у Његовој вољи, тако и сви духовни и материјални поклони проистичу из Његовог безграничног изобиља. Да бисте примили Његове поклоне, морате да искорените из ума сваку мисао о ограничености и сиромаштву. Универзални Ум је савршен и не зна за оскудицу; да бисте допрели до тих залиха које никад не пресушују, морате да гајите свесност о изобиљу. Чак и кад не знате одакле ће следећи динар да дође, требало би да одбијете да се плашите. Када урадите свој део посла и ослоните се на Бога да учини свој, видећете како вам мистериозне силе долазе у помоћ и како се ваше конструктивне жеље ускоро материјализују. То самопоуздање и свест о изобиљу постижу се кроз медитацију.

Будући да је Бог извор све менталне моћи, мира и просперитета, *немојте прво хтети и деловати, већ прво контактирајте Бога.* Тако ћете упрегнути вољу и деловање да постигну највише циљеве. Као што не можете емитовати преко поквареног микрофона, тако не можете да шаљете молитве преко менталног микрофона који је поремећен немиром. Дубоком смиреношћу поправите микрофон ума и повећајте пријемчивост своје интуиције. Тако ћете моћи ефикасно да Му емитујете и да примате Његове одговоре.

ПУТ МЕДИТАЦИЈЕ

———

Након што поправите ментални радио и смирено се ускладите с конструктивним вибрацијама, како можете то да искористите да дођете до Бога? Путем исправног метода медитације.

Снагом концентрације и медитације можете да усмерите неисцрпну моћ свог ума да оствари оно што желите и да чувате свака врата од неуспеха. Сви успешни мушкарци и жене посвећују много времена дубокој концентрацији. Они су у стању да зароне дубоко у свој ум и да нађу бисере правих решења на проблеме с којима се суочавају. Ако научите како да одвучете своју пажњу са свих објеката дистракције и поставите је на један објекат концентрације, и ви ћете знати како да привучете по својој вољи шта год вам је потребно.

Пре него што се упустите у ове важне подухвате, седите у тишини, смирите своја чула и мисли, и дубоко медитирајте. Тада ћете бити вођени великом стваралачком снагом Духа. Након тога треба да искористите сва неопходна материјална средства да постигнете свој циљ.

Ствари које су вам потребне у животу су оне које ће вам помоћи да испуните вашу доминантну сврху. Ствари које можда желите, али вам нису потребне, могу да вас скрену с пута ка том циљу. Успех се постиже само ако све служи вашем главном циљу.

УСПЕХ СЕ МЕРИ СРЕЋОМ

———

Размислите да ли ће испуњење циља који сте изабрали представљати успех. Шта је успех? Ако поседујете здравље и богатство, али имате проблема са свима (укључујући и себе), немате успешан живот. Егзистенција постаје бесмислена ако не можете да нађете срећу. *Када изгубите богатство, изгубили сте мало; када изгубите здравље, изгубили сте нешто са већим последицама; али када изгубите душевни мир, изгубили сте највеће богатство.*

Стога успех треба мерити мерилом среће; својом способношћу да останете у смиреној хармонији са космичким законима. Успех се не мери исправно светским стандардима богатства, престижа и моћи. Ниједан од њих не пружа срећу осим ако се правилно не користе. Да бисте их правилно користили, морате да поседујете мудрост и љубав према Богу и људима.

Бог вас не награђује нити кажњава. Он вам је дао моћ да се наградите или казните употребом или злоупотребом сопственог разума и снаге воље. Ако прекршите законе здравља, просперитета и мудрости, неизбежно морате патити од болести, сиромаштва и незнања. Међутим, треба да оснажите ум и одбијете да сносите терет менталне и моралне слабости стечен током протеклих година; спалите га у пламену садашњих божанских одлука и исправних активности. Овим конструктивним ставом стећи ћете слободу.

Срећа донекле зависи од спољашњих услова, али углавном од менталних ставова. Да бисте били срећни, треба да имате добро здравље, уравнотежен ум, просперитетан живот, прави посао, захвално срце и, изнад свега, мудрост или знање о Богу.

Снажна одлучност да будете срећни ће вам помоћи. Немојте чекати да се ваше околности промене, погрешно мислећи да се у њима крије проблем. Не претварајте незадовољство у хроничну навику, којом утичете на себе и оне око вас. Благослов је и за вас и за друге ако сте срећни. Ако поседујете срећу, поседујете све; бити срећан је бити у складу с Богом. Та моћ да будете срећни долази кроз медитацију.

СТАВИТЕ БОЖЈУ СНАГУ ИЗА СВОЈИХ НАПОРА

———

Употребите у конструктивне сврхе моћ коју већ имате и још више ће доћи. Крећите се својим путем са непоколебљивом одлучношћу, користећи све атрибуте успеха. Ускладите се са креативном моћи Духа. Бићете у контакту са Бесконачном Интелигенцијом која је и стању да вас води и решава све проблеме. Моћ из динамичког Извора вашег бића ће тећи непрекидно тако да ћете моћи креативно да наступате у било којој сфери активности.

Требало би да седите у тишини пре него што донесете одлуку о било којој важној ствари тражећи од Оца Његов благослов. Тада иза ваше моћи је Божја моћ; иза вашег ума, Његов ум; иза ваше воље, Његова воља. Кад Бог ради с вама, не можете не успети; свака способност коју поседујете, постаће снажнија. Када обављате свој посао са мишљу да служите Богу, примићете Његове благослове.

Ако је ваш посао у животу скроман, немојте се извињавати због тога. Будите поносни јер испуњавате дужност коју вам је дао Отац. Потребни сте му на том одређеном месту; не могу сви људи да играју исту улогу. Докле год радите да удовољите Богу, све космичке силе ће вам хармонично помагати.

Кад уверите Бога да желите Њега више од свега другог, бићете усклађени са Његовом вољом. Ако наставите да Га тражите без обзира на препреке које вам се испрече да вас одвуку од Њега, ви користите своју људску вољу у најконструктивнијем облику. Тако ћете примењивати закон успеха који је био познат древним мудрацима и који су разумели сви људи који су постигли истински успех. Божанска моћ је ваша ако одлучно уложите труд да је користите да постигнете здравље, срећу и мир. Како будете обгрлили ове циљеве, путоваћете путем Само-спознаје до свог правог дома у Богу.

АФИРМАЦИЈА

Небески Оче, ја ћу мислити, хтети и радити, али Ти води мој разум, вољу и активност на праву ствар коју треба да урадим.

О Аутору

Парамаханса Јогананда (1893–1952) је нашироко уважен као један од истакнутих духовних личности нашег времена. Родио се у северној Индији, а у Сједињене Америчке Државе је дошао 1920. године. Током следеће три деценије Парамаханса Јогананда је на многе далекосежне начине допринео уздизању свести и уважавању источњачке духовне мудрости на Западу — кроз своја писана дела, обимне турнеје на којима је држао предавања и преко оснивања бројних храмова и медитацијских центара друштва Self-Realization Fellowship[1]. Његова хвале вредна животна прича, *Аутобиографија Једног Јогија*, као и бројне друге књиге и свеобухватне серије лекције за проучавање код куће, милионима људи су представиле древну индијску науку медитације и методе за постизање уравнотеженог благостања

---

1   Буквално „Друштво за Самоспознају". Парамаханса Јогананда је објаснио да име Self-Realization Fellowship означава „Заједништво са Богом кроз спознају самог Себе и пријатељство са свим душама које трагају за истином". Погледајте и Речник, као и „Циљеве и идеале друштва Self-Realization Fellowship".

тела, ума и душе. Данас се духовни и хуманитарни рад којег је започео Парамаханса Јогананда наставља под вођством Брата Ђидананде, председника друштва Self-Realization Fellowship/ Yogoda Satsanga Society of India.

Награђивани документарни филм о животу и раду Парамахансе Јогананде под насловом Awake: The Life of Yogananda изашао је у Октобру 2014. године.

Књиге на Српском језику које је написао Парамаханса Jогананда

Доступне у књижарама или директно од издавача:
Self-Realization Fellowship

3880 San Rafael Avenue
Los Angeles, California 90065-3219
тел. +1 (323) 225-2471 • факс: +1 (323) 225-5088

www.srfbooks.org

Аутобиографија Једног Jогија

Како да разговарате с Богом

Закон Успеха

Књиге на Енглеском које је написао Парамаханса Јогананда

Autobiography of a Yogi

God Talks with Arjuna; The Bhagavad Gita
A New Translation and Commentary

The Second Coming of Christ:
The Resurrection of the Christ Within You
A Revelatory Commentary on the Original Teachings
of Jesus

The Yoga of the Bhagavad Gita

The Yoga of Jesus

The Collected Talks and Essays
Volume I: **Man's Eternal Quest**

Volume II: **The Divine Romance**

Volume III: **Journey to Self-Realization**

Wine of the Mystic:
*The Rubaiyat of Omar Khayyam –
A Spiritual Interpretation*

Songs of the Soul

Whispers from Eternity

Scientific Healing Affirmations

In the Sanctuary of the Soul:
A Guide to Effective Prayer

The Science of Religion

Metaphysical Meditations

Where There Is Light:
Insight and Inspiration for Meeting Life's Challenges

Sayings of Paramahansa Yogananda

Inner Peace:
How to Be Calmly Active and Actively Calm

Living Fearlessly:
Bringing Out Your Inner Soul Strength

The Law of Success

How You Can Talk With God

Why God Permits Evil and How to Rise Above It

To Be Victorious in Life

Cosmic Chants

Аудио Снимци
Парамаханса Јогананда

Beholding the One in All

The Great Light of God

Songs of My Heart

To Make Heaven on Earth

Removing All Sorrow and Suffering

Follow the Path of Christ, Krishna, and the Masters

Awake in the Cosmic Dream

Be a Smile Millionaire

One Life Versus Reincarnation

In the Glory of the Spirit

Self-Realization: The Inner and the Outer Path

Остала издања
Self-Realization Fellowship

The Holy Science
— Swami Sri Yukteswar

Only Love:
Living the Spiritual Life in a Changing World
— Sri Daya Mata

Finding the Joy Within You:
Personal Counsel for God-Centered Living
— Sri Daya Mata

Intuition:
Soul Guidance for Life's Decisions
— Sri Daya Mata

God Alone
The Life and Letters of a Saint
— Sri Gyanamata

"Mejda"
*The Family and the Early Life of
Paramahansa Yogananda*
— Sananda Lal Ghosh

Self-Realization
(часопис којег је покренуо
Парамаханса Јогананда 1925. године)

ДВД (документарни филм)

AWAKE: The Life of Yogananda.
Награђивани документарац о животу и раду
Парамахансе Јогананде

Лекције Друштва
Self-Realization Fellowship

*Лично вођство и упутства
Парамахансе Јогананде о учењима јоге,
медитације и начелима духовног живљења*

Ако су вас заинтригирала духовна учења Парамахансе Јогананде, позивамо вас да се претплатите на лекције *Self-Realization Fellowship Lessons*.

Парамаханса Јогананда је осмислио овај комплет лекција за учење код куће како би искреним трагаоцима пружио прилику да науче и практикују древне технике јоге и медитације које је донео на Запад – укључујући науку *крија јоге*. Те лекције *(Lessons)* такође представљају његово практично вођство за постизање уравнотеженог физичког, менталног и духовног благостања.

Лекције Self-Realization Fellowship Lessons су доступне по цени која покрива трошкове штампања и слања поштом. Монаси и монахиње друштва Self-Realization Fellowship пружају свим ученицима бесплатне услуге саветовања о њиховој личној пракси.

За додатне информације…

Посетите страницу www.srflessons.org и затражите свеобухватни бесплатни информациони пакет о *Лекцијама*.

Циљеви и идеали
друштва
Self-Realization Fellowship

*онако како су их поставили Парамаханса
Јогананда, оснивач
Брат Ћидананда, председник*

Да се међу народима прошири знање јасно дефинисаних научних метода за постизање директног личног искуства Бога.

Да се поучи да је сврха живота еволуција, путем самонапора, од човекове ограничене смртне свести до Богосвести, и да се у складу са тим по целом свету оснују храмови друштва Self-Realization Fellowship у намени заједништва са Богом, и да се подстакне оснивање индивидуалних божјих храмова у домовима и у срцима људи.

Да се открије целокупна хармонија и темељно јединство исконског хришћанства, како га је поучавао Исус Христ, и оригиналне јоге онако како ју је подучавао Багаван Кришна, те да се покаже да су ови принципи истине заједничка научна основа свих истинских религија.

Да се укаже на један божански аутопут којим све стазе истинских религијских веровања коначно воде: аутопут свакодневне, научне, посвећеничке медитације на Бога.

Да се човек ослободи од троструке патње: физичке болести, менталне неуравнотежености и духовног незнања.

Да се подстакне „једноставно живљење и високо размишљање“, и да се прошири дух братства међу свим народима подучавањем вечних темеља њиховог јединства: сродства са Богом.

Да се покаже супериорност ума над телом, и душе над умом.

Да се превлада зло добрим, жалост радошћу, насиље љубазношћу, незнање мудрошћу.

Да се обједине наука и религија путем спознаје јединства њихових темељних принципа.

Да се заговара културно и духовно разумевање између Истока и Запада, и да се размене њихове најтананије јединствене особине.

Да се служи човечанству као вишем Јаству.

www.ingramcontent.com/pod-product-compliance
Lightning Source LLC
Chambersburg PA
CBHW020041040426
42331CB00030B/495